ALBERTO PILA •

EVVIVA!

LIBRO PER L'ALUNNO

1

EUROPEAN LANGUAGE INSTITUTE

© 1995 ELI s.r.l. - European Language Institute
Casella Postale 6 - Recanati - Italia

Stampato in Italia dalla Tecnostampa - Loreto (ITALIA)

EVVIVA!

Cantiamo insieme
il girotondo

Gi-ro gi-ro ton-do, ca-sca il
mon-do, ca-sca la ter-ra,
tut-ti giù per ter-ra!

Giro girotondo,
casca il mondo,
casca la terra,
tutti giù per terra!

Unità 2
Nuovi amici

È mattino...

Buongiorno, signora!

Buongiorno, signore!

Ciao!

È sera...

Scrivi il saluto giusto

Cercaparole

```
M A T T I N O C N B
S B A M B I N O O U
E S O R E L L A T O
R I C A A O G L T N
A C A O M T I A E G
M E N T I U A U C I
I C E H C T N R I O
I A M I I T N A A R
P I P P O I I ? O N
B U O N A S E R A O
```

❏ Amici ↓   ❏ Laura ↓

❏ Bambino →   ❏ Mattino →

❏ Buonasera →   ❏ Notte ↓

❏ Buongiorno ↓   ❏ Pippo →

❏ Cane ↓   ❏ Sera ↓

❏ Ciao ↓   ❏ Sorella →

❏ Gianni ↓   ❏ Tutti ↓

————, ———

—— ————————

Cantiamo insieme
Fra' Martino

Fra' Mar-ti-no, cam-pa-na-ro, dor-mi tu?

Dor-mi tu? Suo-na le cam-pa-ne,

suo-na le cam-pa-ne, din don dan,

buon-giorno a te!

Fra' Martino, campanaro,
dormi tu? Dormi tu?
Suona le campane,
suona le campane,
din don dan,
buongiorno a te!

Unità 3
A scuola

15

Colora gli oggetti della scuola

Colora
il libro
di **blu**

Colora
il quaderno
di **arancione**

Colora
la finestra
di **verde**

Colora
la penna
di **rosso**

Colora
la porta
di **marrone**

Colora
la gomma
di **giallo**

Colora
il banco
di **viola**

Colora
la sedia
di **rosa**

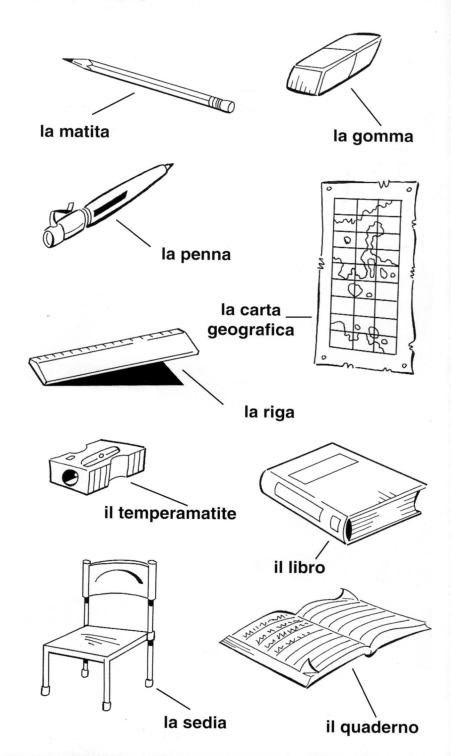

la matita

la gomma

la penna

la carta geografica

la riga

il temperamatite

il libro

la sedia

il quaderno

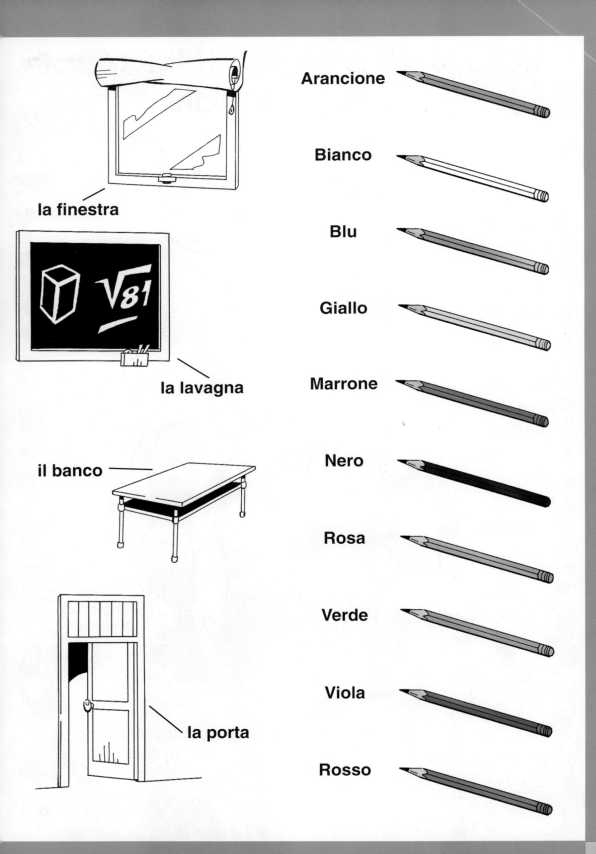

la finestra

la lavagna

il banco

la porta

Arancione

Bianco

Blu

Giallo

Marrone

Nero

Rosa

Verde

Viola

Rosso

$\sqrt{81}$

Colora i palloncini

Che cos'è?

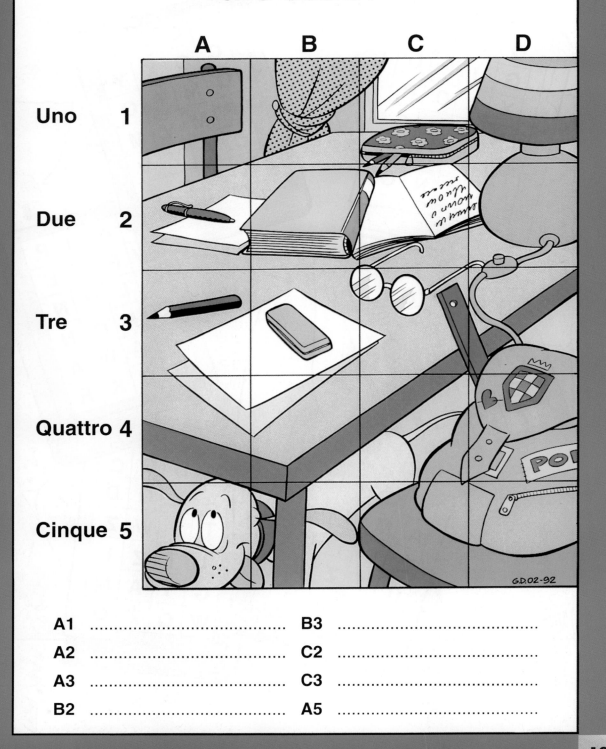

		A	B	C	D
Uno	1				
Due	2				
Tre	3				
Quattro	4				
Cinque	5				

A1 ....   B3 ....

A2 ....   C2 ....

A3 ....   C3 ....

B2 ....   A5 ....

Trova le parole

Fai da te... la tua spilla

Occorrente:
- forbici
- spilla
- cartoncino
- nastro adesivo
- colla

Io parlo italiano!

Ciao!

Buon compleanno!

Sorridi!

Fai così...

... la tua spilla è pronta!

Unità 4
La camera di Gianni

23

I numeri

1 uno

2 due

3 tre

4 quattro

5 cinque

6 sei

7 sette

8 otto

9 nove

10 dieci

20 venti

11 undici

12 dodici

13 tredici

14 quattordici

15 quindici

16 sedici

17 diciassette

18 diciotto

19 diciannove

Che ore sono?

Qual è il tuo numero di telefono?

Fai da te... un orologio

Occorrente:

cartoncino

forbici

penna

matita

fermaglio

Fai così...

... il tuo orologio è pronto!

Unità 5
Il compleanno di Gianni

Anche il nonno viene alla festa?

Certo, Gianni!

Evviva!

... ed ha una sorpresa per te!

Nel giardino...

Tanti auguri, Gianni!

Grazie!

Ma dov'è il nonno?

Eccolo, arriva!

Quanti anni hanno?

Mi chiamo Luigi.

Mi chiamo Francesca.

Mi chiamo Piero.

Mi chiamo Giulia.

Mi chiamo Tommaso.

Mi chiamo Anna.

Vero o falso?

		V	F
1.	Luigi ha dodici anni.	❏	❏
2.	Francesca ha undici anni.	❏	❏
3.	Piero ha otto anni.	❏	❏
4.	Tommaso ha sette anni.	❏	❏
5.	Giulia ha nove anni.	❏	❏
6.	Anna ha sei anni.	❏	❏

Quando è il loro compleanno?

Aprile

Settembre

Dicembre

Febbraio

Luglio

33

Cantiamo insieme
Tanti auguri a te

Tanti auguri a te,
tanti auguri a te,
tanti auguri felici,
tanti auguri a te!

Fai da te... un segnaposto

Occorrente:

colori

forbici

cartoncino

Fai così...

*... il tuo segnaposto è pronto.
Mettilo sulla tavola!*

PAOLO

Unità 6
Gianni prepara la merenda

Ridiamo un po'

Cercaparole

```
M P A N E P R A N Z O
E M A R M E L L A T A
R T U C H L A T T E E
E A R A N C I A T A C
N B U O N O P E S C E
D M A N G I A R E O C
A S C U C I N A A M E
A N M I E L E G I A N
C O L T E A Z I O N A
C O L A Z I O N E E ?
```

❏ Aranciata → ❏ Marmellata →

❏ Buono → ❏ Merenda ↓

❏ Cena ↓ ❏ Miele →

❏ Colazione → ❏ Pane →

❏ Cucina → ❏ Pesce →

❏ Latte → ❏ Pranzo →

❏ Mangiare → ❏ Tè →

— — — — — — — — — — — —

— — — — — — — — — — — —

Riscrivi le frasi

1. mi   latte   piace   Il   molto.

   ....

2. A   bevo   il   latte.   sempre   colazione

   ....

3. Gianni   merenda   per   Laura.   la   prepara

   ....

4. piace   Non   mi   pollo.   il

   ....

5. Che   mangi   cena?   a   cosa

   ....

6. sete,   Ho   ora   un'aranciata.   bevo

   ....

Prepara un frullato alla frutta

Occorrente:

frutta fresca

miele

latte

Fai così...

... il tuo frullato è pronto.

Buon appetito!

Il gioco dei numeri

PARTEN

43

Il gioco dell'oca

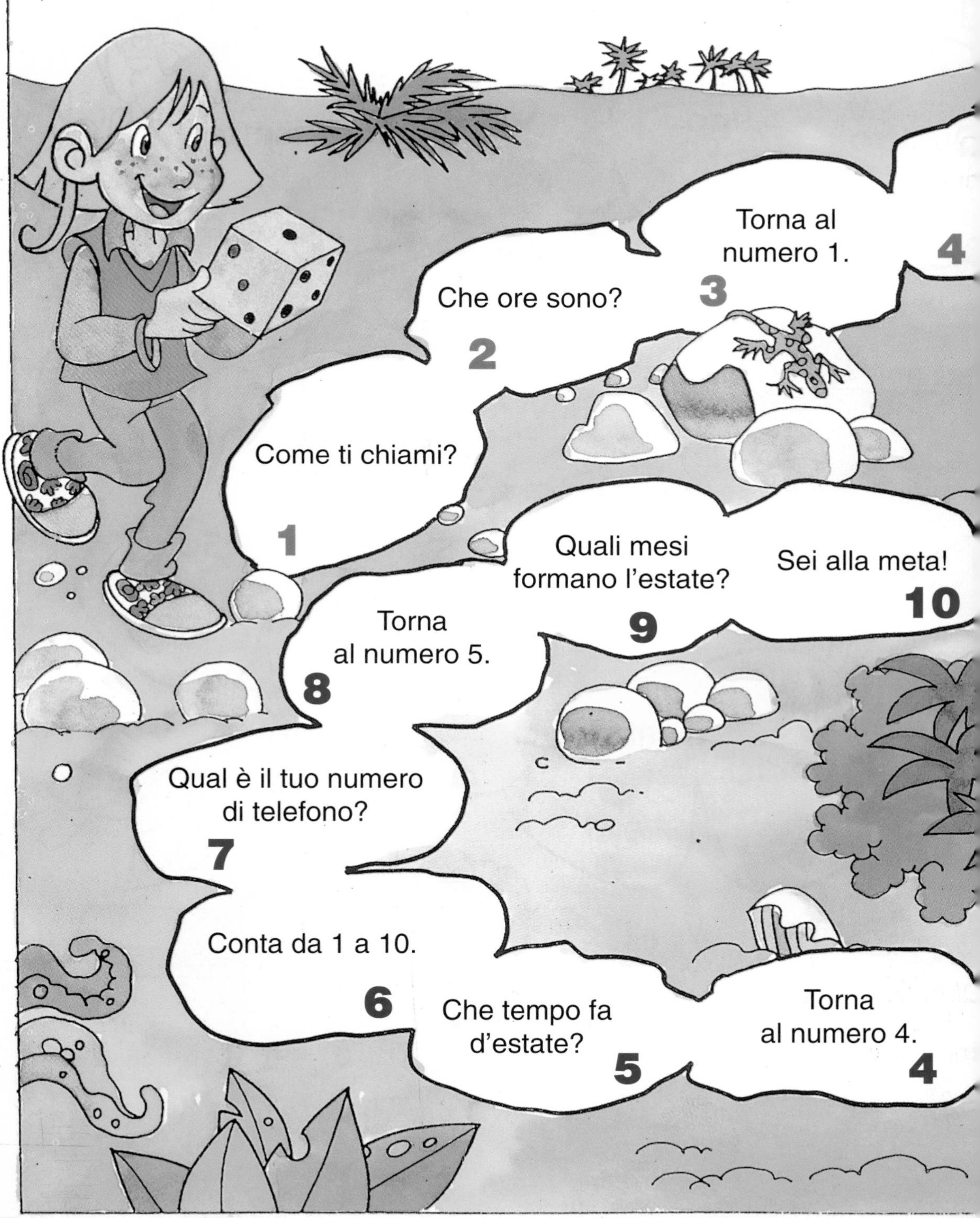

Unità 7
La danza del sole

Un pomeriggio...

... ci vediamo domani alla stessa ora!

Che ore sono?

Sono le cinque.

Io esco!

Bau, bau...

Tu stai qui, Pippo!

Dove vai, Gianni?

Che tempo fa?

1. C'è il sole
2. È nuvoloso
3. Nevica
4. C'è vento
5. Piove

Cercaparole

```
S O L E C V E N T O
P I O G G I A H G G
N E D O M A N I I I
E C A L D O T E A O
V M F R E D D O R C
E P N U V O L E D A
O F E S T A T E I R
A U T U N N O A N E
D A N Z A O G G O I
P R I M A V E R A ?
```

❏ Autunno	→	❏ Giocare	↓
❏ Caldo	→	❏ Neve	↓
❏ Danza	→	❏ Nuvole	→
❏ Domani	→	❏ Pioggia	→
❏ Estate	→	❏ Primavera	→
❏ Freddo	→	❏ Sole	→
❏ Giardino	↓	❏ Vento	→

— — — —   — — — — —   — — —   — — — — —

Fai da te... una girandola

Occorrente:

cartoncino

bastoncino

spilla

matita

forbici

Fai così...

... la tua girandola è pronta!

50

Cantiamo insieme
Lucciola, lucciola

Luc - cio - la, luc - cio - la, vien da me.

Ti da - rò un pan da re. Pan da

re e da re - gi - na, luc - cio - la,

luc - cio - la, pic - co - li - na

Lucciola, lucciola,
vien da me.
ti darò un pan da re.
Pan da re e da regina,
lucciola, lucciola, piccolina.

Unità 8
La casa di Gianni

Questa è la mia casa.

Vieni, entriamo!

Questo è l'ingresso...

... e questo è il salotto.

Sì, ma...

Ecco la cucina!

È molto bella, ma...

Andiamo di sopra!

Dov'è Pippo?

Sotto la panchina

Davanti al garage

Sopra la panchina

Dietro l'albero

In quale stanza si nasconde Pippo?

Vero o falso?

	Vero	Falso
1. La porta è aperta.	◼	◼
2. Ci sono due finestre.	◼	◼
3. Le finestre sono chiuse.	◼	◼
4. La panchina è verde.	◼	◼
5. Pippo è sotto la panchina.	◼	◼
6. L'automobile è nel garage.	◼	◼
7. Il tetto della casa è rosso.	◼	◼
8. Gianni e Laura giocano in giardino.	◼	◼
9. Il cielo è nuvoloso.	◼	◼

Metti gli oggetti
nelle stanze giuste!

1. ....

2. ....

3. ....

4. ....

5. ....

6. ....

Unità 9
Animali in mostra

Mi piacciono gli elefanti!

Sono i miei animali preferiti.

Organizziamo una mostra di animali!

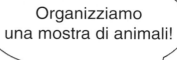

Ora telefono agli amici!

... e c'è un premio per l'animale più bello!

Bene!

Fantastico!

Che bello!

Il pomeriggio...

Ed ora, la premiazione!

Fermo! Dove vai?

Vince il primo premio...

... il mio **elefante**!

La premiazione

Che animale è?

....

....

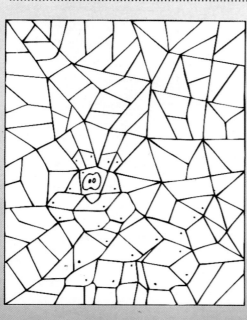 

Trova gli undici animali della mostra!

```
C A V A L L O Q P T E
U G T S J T G P E C L
C H H C K A C A S O E
A F V O B R R P C N F
N R E I V T I P E I A
E B G A P A C A R G N
G V A T E R E G O L T
N N T T S U T A S I E
B O T O C G O L S O N
V O O L I A Y L O E A
C G A O Z A E O L I N
```

Quanti animali ci sono nel serpente?

Fai da te... la maschera del leone!

Occorrente:

forbici

elastico

Fai così...

... la tua maschera è pronta!

Unità 10
Dal dottore

Gianni è dal dottore.

Tocca a voi!

Entrate!

Grazie!

Buongiorno, dottore!

Mi fa male qui!

Siedi sul lettino...

Allora, che cosa ti fa male?

Le parole... in testa

i capelli

l'occhio (gli occhi)

il naso

la bocca

le guance (la guancia)

il dente (i denti)

la lingua

il mento

le orecchie (l'orecchio)

Incrocio di parole

Osserva e conta

1. Quante teste vedi?   Vedo ....

2. Quante mani vedi?   ....

3. Quante braccia vedi?   ....

4. Quanti nasi vedi?   ....

5. Quante bocche vedi?   ....

6. Quante bambine vedi?   ....

7. Quanti bambini vedi?   ....

Fai da te... una marionetta

Occorrente:

bottoni

forbici

stoffa

ago

filo

Fai così...

... la tua marionetta è pronta!

Unità 11
Gianni ha freddo

Il nonno ci aspetta a casa sua.

Bene, vai a vestirti.

Vieni, ti aiuto io!

Poco dopo... Ecco la camicia ed i pantaloni.

Metti questo maglione!

Più tardi...

Metti il cappotto!

Ho freddo!

Voglio la sciarpa ed i guanti.

Ma se hai la camicia, i pantaloni, il maglione, il cappotto...

Ma sotto sono nudo!

I colori dell'abbigliamento

Colora
il maglione
di **rosso**

Colora
la camicia
di **giallo**

Colora
il vestito
di **blu**

Colora
la gonna
di **rosa**

Colora
il cappotto
di **marrone**

Colora
i pantaloni
di **arancione**

Colora
i calzini
di **verde**

Colora
i guanti
di **viola**

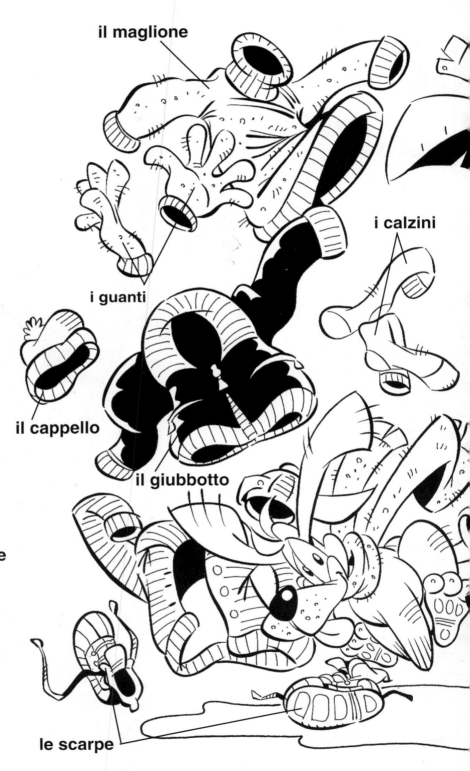

il maglione

i calzini

i guanti

il cappello

il giubbotto

le scarpe

la camicia

il vestito

il cappotto

la gonna

i pantaloni

Trova le sei differenze

1. ....
2. ....
3. ....
4. ....
5. ....
6. ....

Chi sono Carlo e Francesca?

Carlo non indossa il cappello.

Egli indossa una camicia, un paio di pantaloni ed una giacca.

Carlo non è seduto, è in piedi.

Francesca indossa un cappello.

Non è seduta, è in piedi accanto a Carlo ed indossa un vestito.

Hai capito chi sono Carlo e Francesca?

Unità 12
Al parco

Tanti giochi nel parco

1

V	O	L	P
I	U	T	E
T	Y	H	J
F	U	I	O

Trova il nome di un animale

2 Che animale è?

3 Scopri il messaggio

7.9. 3.9.2.8.1.
9.4. 3.2.5.8.6?

A = 2 I = 9 P = 3
C = 8 L = 4 R = 5
E = 1 O = 6 T = 7

4 Che cosa dice il lupo?

È O R A
D I P
A N Z

Un fiume di parole

Quante parole ci sono nel fiume?

Un messaggio dalla natura

```
F  U  N  G  H  I  R  I  S  S
P  A  R  C  O  R  A  N  A  C
F  A  R  F  A  L  L  A  A  O
V  O  L  P  E  P  E  L  L  I
A  N  I  M  A  L  I  U  B  A
P  O  N  T  E  T  T  P  E  T
P  R  A  N  Z  O  A  O  R  T
F  I  O  R  I  L  A  N  O  O
F  I  U  M  E  A  T  U  R  L
A  !  G  I  O  C  A  R  E  O
```

❏ Albero   ↓   ❏ Lupo   ↓

❏ Animali   →   ❏ Parco   →

❏ Farfalla   →   ❏ Ponte   →

❏ Fiori   →   ❏ Pranzo   →

❏ Fiume   →   ❏ Rana   →

❏ Funghi   →   ❏ Scoiattolo ↓

❏ Giocare   →   ❏ Volpe   →

_ _ _ _ _ _ _ _   _ _

_ _ _ _ _ _ _

Cantiamo insieme
La danza del serpente

Que - sta è la dan - za del ser -

pen - te che vie-ne giù dal mon - te, per

ri - tro - va - re la sua co - da, che

ha per-du - to un dì.

Questa è la danza del serpente
che viene giù dal monte,
per ritrovare la sua coda,
che ha perduto un dì.

Ma dimmi un po', sei proprio tu,
quel pezzettin del mio codin?

Una gita a Roma

Gioca con i tuoi amici e scopri i monumenti più belli di Roma.
Occorrono una pedina per ogni giocatore ed un dado.
A turno, ogni giocatore tira il dado e va avanti secondo le indicazioni.
Vince chi arriva per primo al numero 14.

Ecco il **Colosseo**.

1

Qui inizia **Via della Conciliazione**, in fondo c'è **Piazza San Pietro**.

9

Ti fermi a mangiare una pizza e stai fermo un giro.

8

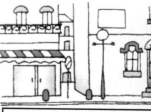

Ecco la **Basilica di San Pietro**.

10

Visiti i **Musei Vaticani**, ti fermi un giro.

11

Ecco **Via Condotti**. È domenica, i nego sono chiusi. Torni a Villa Borghese

12

na guida vuole ostrarti il **Foro omano**, ma tu hai tta e vai al n. 5.

3 Questa è **Piazza di Spagna** con **Trinità dei Monti**.

4 Sei a **Villa Borghese**.

Sei arrivato a **Piazza Navona**.

6 Sei sul **Lungotevere**. Prendi un autobus fino al n. 9.

5 Visiti lo zoo e stai fermo un giro.

Ecco **Castel Sant'Angelo**.

3

14

La visita è finita: arrivederci, Roma.

Il gioco dell'oca

UNITÀ 1
Ciao
Mi chiamo...
Questo è / Questa è...
Il mio cane
Mia sorella
Arrivederci
Cantiamo insieme
Il girotondo
Il mondo
La terra
Tutti giù per terra

UNITÀ 2
Nuovi amici
È mattino
Buongiorno
La signora
Il signore
È sera
Buonasera
È notte
Buonanotte
Scrivi
Il saluto
Giusto
Uno
Due
Tre
Quattro
Cinque
Sei
Sette
Otto
Nove
Dieci
Undici
Dodici
Tredici
Quattordici
Quindici

Cercaparole
Il bambino
Il campanaro
Dormi tu
Suona
Le campane

UNITÀ 3
A scuola
Quella
La tua scuola
Hai il libro?
Eccolo
Il quaderno
La penna
I bambini
Sedete!
Siete pronti?
Vediamo...
Vieni alla lavagna!
Quanto fa...?
Quasi esatto
Colora
Gli oggetti
La gomma
La matita
La carta geografica
La riga
Il temperamatite
La sedia
La finestra
Il banco
La porta
Arancione
Bianco
Blu
Giallo
Marrone
Nero
Rosa
Verde

Viola
Rosso
I palloncini
Che cos'è?
Fai da te
La tua spilla
Le forbici
Il cartoncino
Il nastro adesivo
La colla
Fai così
È pronta
Io parlo italiano
Buon compleanno
Sorridi

UNITÀ 4
La camera
Ora di dormire
Sono le dieci
Metti in ordine
Sei a letto?
La mamma
I numeri
Sedici
Diciassette
Diciotto
Diciannove
Venti
Che ore sono?
Il tuo numero di telefono
Un orologio
Il fermaglio

UNITÀ 5
Il compleanno
Il nonno
La festa
Certo!
Evviva!
Una sorpresa

Nel giardino
Tanti auguri
Grazie
Dov'è?
Arriva!
Dolcissima
Gennaio
Febbraio
Marzo
Aprile
Maggio
Giugno
Luglio
Agosto
Settembre
Ottobre
Novembre
Dicembre
La primavera
L'estate
L'autunno
L'inverno
Il cielo è nuvoloso
Fa caldo
Fa freddo
C'è vento
Quanti anni hanno?
Quando è il loro compleanno?
Un segnaposto
I colori
Mettilo sulla tavola!

UNITÀ 6
Prepara
La merenda
Ho fame
Anch'io
Preparami
Il tè
Il pane
La marmellata

L'aranciata
Perché?
Sempre
Più tardi
Bravo!
Prego!
Scotta!
Se ti prendo!
Ridiamo un po'
Il latte
La colazione
Il pranzo
Mangio...
Il pesce
Mi dai...?
Il miele
Che cosa c'è...?
La cena
La cucina
Un frullato alla frutta
Fresca
Buon appetito!
Il gioco dei numeri
La partenza
Il gioco dell'oca
Come ti chiami?
Che ore sono?
Torna al...
Che tempo fa...?
Qual è il tuo cibo preferito?
Sei alla meta!
Saluta il tuo insegnante
Che cosa mangi a pranzo?
Conta da uno a dieci
Quali mesi formano l'estate?

UNITÀ 7

La danza del sole
Un pomeriggio
Domani
Alla stessa ora

Io esco
Tu stai qui!
Dove vai?
Giocare
Piove
Buona idea!
La pioggia
Non funziona!
C'è il sole
Nevica
Le nuvole
Una girandola
Il bastoncino
La lucciola
Vien da me!
Ti darò ...
Un pan da re
La regina
Piccolina

UNITÀ 8

La casa
Entriamo!
L'ingresso
Il salotto
La cucina
È molto bella!
Andiamo di sopra
Il bagno
Sotto la panchina
Davanti al garage
Sopra
Dietro
In quale stanza?
Si nasconde
Aperta
Chiusa
L'automobile

UNITÀ 9

Animali in mostra

Gli elefanti
I miei animali preferiti
Organizziamo
C'è un premio
Più bello
Che bello!
La premiazione
Fermo!
Vince il primo premio...
La tartaruga
Il pappagallo
Il gatto
Il coniglio
Il cavallo
Lo scoiattolo
Il criceto
I pesci tropicali
Il serpente
La maschera del leone
L'elastico

UNITÀ 10
Dal dottore
Tocca a voi!
Entrate!
Mi fa male qui!
Siedi sul lettino
Che cosa ti fa male?
Un occhio
Il naso
Un braccio
Una gamba
Il dito
Sei sempre il solito!
La testa
I capelli
La bocca
La guancia / le guance
Il dente / i denti
L'occhio / gli occhi
La lingua

Il mento
L'orecchio / le orecchie
Osserva e conta
Una marionetta
I bottoni
La stoffa
L'ago
Il filo

UNITÀ 11
Vai a vestirti
Ti aiuto io
Poco dopo...
La camicia
I pantaloni
Il maglione
Più tardi...
Il cappotto
Ho freddo
Voglio
La sciarpa
I guanti
Nudo
L'abbigliamento
I calzini
Il cappello
Il giubbotto
Le scarpe
Il vestito
La gonna
Trova le sei differenze
Indossa...
È seduto
È in piedi

UNITÀ 12
Al parco
Il film è finito
I funghi
Una volpe
La farfalla

Basta!
Non vedo niente
Vieni qui!
Guarda...
La rana
Scopri il messaggio
Che animale è?
Che cosa dice...?
Il lupo
Il ponte
Rotto
Che pezzo manca?
Forma il puzzle
Leggi il messaggio
Un fiume
Le parole
L'albero
La natura

Viene giù dal monte
Ritrovare
La coda
Una gita
I monumenti
Una pedina
Il giocatore
Un dado
Le indicazioni
Una guida
Hai fretta
Lo zoo
Stai fermo un giro
Prendi un autobus
Mangiare
Una pizza
I negozi
Chiusi